Markus Baum

**Gott und Google -
der kleine, feine Unterschied**

Deine Augen sahen mich,
da ich noch nicht bereitet war,
und alle Tage waren in dein Buch geschrieben,
die noch werden sollten
und von denen keiner da war

Psalm 139,16

Markus Baum

**Gott und Google -
der kleine, feine Unterschied**

Bibliografische Information
der Deutschen Nationalbibliothek:
Die Deutsche Nationalbibliothek verzeichnet diese
Publikation in der Deutschen Nationalbibliografie;
detaillierte bibliografische Daten
sind im Internet über http://dnb.dnb.de abrufbar.

TWENTYSIX – Der Self-Publishing-Verlag
Eine Kooperation zwischen der Verlagsgruppe
Random House und BoD – Books on Demand

2., aktualisierte und erweiterte Auflage

© 2020 Markus Baum

Herstellung und Verlag:
BoD – Books on Demand, Norderstedt

ISBN: 978-3-740-71148-1

Inhaltsverzeichnis

1. Wer oder was ist Google?   6

2. Ist Google Gott?   16

3. Gott vergisst – Google nie!   21

Anhang   26

1. Wer oder was ist Google?

Ganz nüchtern betrachtet ist Google ein US-amerikanisches Unternehmen mit Sitz in Mountain View, Kalifornien – mitten im Silicon Valley. Gegründet 1996. Schon etwas wertend kann man sagen: Google ist ein sehr erfolgreiches Unternehmen. Der Börsenwert betrug im Januar 2020 kurzzeitig mehr als eine Billion Dollar, der Jahresumsatz 160 Mrd. Dollar. Mehr als zum Beispiel der Staatshaushalt von Indonesien.

Im Herbst 2015 hat sich Google ein Dach gebaut und firmiert seither unter dem Namen Alphabet. Witzigerweise ist also der Mutterkonzern Alphabet knapp 20 Jahre jünger als Google selbst. Aber das mit dem Firmennamen ist Mimikri: Wo Alphabet draufsteht, ist Google drin. Alphabet war Google, ist Google und wird Google sein, auch wenn Firmenjuristen das anders sehen mögen.

Unter dem Dach Alphabet hat Google inzwischen eine ganze Familie von Ausgründungen und Tochterfirmen untergebracht, nur ein paar Beispiele:

- Access & Energy, Anbieter eines Hochgeschwindigkeits-Glasfasernetzes in den USA

- Calico, ein Forschungsunternehmen, das dem Geheimnis des Alterns auf der Spur ist. Das Ziel ist nicht weniger als das ewige Leben – oder zumindest ein deutlich verlängertes menschliches Dasein. Von wegen „Unser Leben währt 70 Jahre, und wenn's hochkommt, sind es 80 Jahre…"

- DeepMind, eine britische Firma in der Konzernfamilie von Google, die an künstlicher Intelligenz forscht

- Capital G und GV, Beteiligungsfonds und Wagniskapitalfirmen

- Jigsaw, der Technologieentwickler ist auf geopolitische Herausforderungen spezialisiert, z.B. Terrorbekämpfung

- Sidewalk Labs, die Firma ersinnt technologische Lösungen für Stadtentwicklung

- X Development, ein Unternehmen, das an Zukunftstechnologien (ein ziemlich weit gefasster Begriff) arbeitet

- Verily Life Science – die Firma entwickelt Nanopartikel, die im Körper nach Krankheitserregern suchen sollen.

- Waymo – diese Firma wird von deutschen Automobilherstellern argwöhnisch beobachtet, denn sie ist ziemlich weit vorn beim Thema Autonomes Fahren.

- Chronicle, eine IT-Sicherheitsfirma

- Wing – das Unternehmen entwickelt und baut Drohnen zur Auslieferung von Paketen und

Waren, und die nötige Steuerungssoftware gibt es gleich dazu.

Wie gesagt: Das alles sind Tochterfirmen und Ausgründungen, neudeutsch: Spin-Offs des Google-Dachkonzerns Alphabet. All diese Unternehmen reichen noch längst nicht in alle Wirtschafts- und Lebensbereiche hinein, aber schon in ziemlich viele.

Die Hauptsache und der größte Umsatzträger ist und bleibt aber die gute alte Suchmaschine Google, die jeder kennt und die inzwischen sogar im Duden steht. Als Hauptwort – und als Tätigkeitswort: googeln.

Nun ist geschäftlicher Erfolg an und für sich ja etwas Positives, ist also nicht von vornherein verdächtig. Es kommt immer darauf an, womit da jemand Umsatz und Profit macht. Und im Fall von Google lohnt es sich, dass man etwas genauer hinschaut und versucht zu verstehen, was die Firma eigentlich macht, was sie so erfolgreich macht – und wie das funktioniert.

Was macht Google? Vereinfacht gesagt: Google gräbt den weltweiten Informationsgarten, das Internet, permanent um und hortet Informationen darüber und über seine Nutzer.

Google sammelt Daten über alles und jeden. Wertet diese Daten nach Strich und Faden aus und vermarktet zum einen diesen Vorgang, also das Sichten und Sortieren und Gewichten und Auswerten der Daten, als Dienstleistung.

Oder Google bietet die Ergebnisse dieser Auswertungen feil – zum Beispiel an Werbekunden. Die sind bereit, erhebliche Summen dafür zu bezahlen, dass sie ihre potentiellen Kunden besser kennenlernen.

Oder, damit hat alles angefangen, und das ist nach wie vor der öffentlichkeitswirksamste Geschäftszweig: Google gebärdet sich als Wohltäter der Menschheit und stellt die Ergebnisse seiner Suchmaschine den Endkunden angeblich kostenfrei zur Verfügung. Dabei verschweigt Google geflissentlich, dass es eben keine mildtätige Spende ist – sondern ein knallhartes Tauschgeschäft:

Du suchst Informationen und Webeinträge über die aktuellen Schnäppchen bei Aldi – oder über ein historisches Ereignis für ein Referat in der Schule? Kein Problem, Google beschafft sie, findet diese Informationen für dich; sortiert sie auch gleich nach Aktualität und je nachdem, wie genau sie deinem Suchbegriff oder der Phrase entsprechen, die du eingegeben hast.

Was Google dir nicht direkt auf die Nase bindet: Du machst gleichzeitig die Tür auf für Werbung und gesponserte Einträge. Google „trackt" dich, sprich: Google legt eine Spur und merkt sich, *dass* du gefragt hast – und *was* du gefragt hast – und zieht seine Schlüsse daraus. Und jedes Mal, wenn du mit Google oder einer Subfirma Kontakt aufnimmst, wird Googles Akte über dich ein wenig dicker, ein wenig umfangreicher. Da kommt im Lauf der Zeit ganz schön was zusammen.

Google ist im Grunde die Erfüllung des Traums, den die Jungs von der Stasi immer hatten, und ein paar Jahrzehnte früher die Jungs von der Gestapo und von ihrem sowjetischen Gegenstück, dem NKWD, aus dem dann irgendwann der KGB wurde, und vor 200 Jahren hat der Fürst von Metternich diesen Traum geträumt: Da ist ein Apparat, der weiß alles über alle. Oder zumindest fast alles über fast alle.

Google kennt die meisten seiner Nutzerinnen und Nutzer besser, als sie sich selbst kennen – oder glaubt das zumindest. Die Google-Leute würden das nie ausdrücklich so sagen, aber zum Geschäftsmodell vieler Dienstleistungen und vieler Unterfirmen von Google gehört das Versprechen: Wir verraten Dir alles, was du wissen willst. Über deine Kunden. Über die Interessenten, die sich deine Website anschauen. Wir kriegen, wenn du willst, auch eine ganze Menge Interessantes raus über deine Versicherungskunden. Oder über deine Krankenkassenmitglieder. Die Schlüsse musst du dann schon selber ziehen.

So gesehen ist Google gegenüber seinen Geschäftspartnern im Grunde so etwas wie ein institutioneller Whistleblower, ein Denunziant, eine geschäftsmäßige Petze. Nach dem Motto „Hallo Allianz/ Hallo Ergo/Hallo Hannoversche Leben/ Hallo Generali, wusstest du eigentlich schon, dass sich dein Versicherungsmitglied Max Müller neulich auffällig gründlich informiert hat über Gefäßkrankheiten? Hat der Mann nicht erst kürzlich online eine Risikolebensversicherung bei dir abgeschlossen?" – Nachtigall, ick hör dir trapsen.

Google findet das alles völlig selbstverständlich und verkauft es als Dienst an der Menschheit, dass es fast alles weiß. Und präsentiert sich in der Öffentlichkeit gern als Hüter des Rechts der Öffentlichkeit auf Information – und auf den freien Zugang zu Informationen aller Art.

Die leitenden Manager von Google beteuern auch mit Krokodilstränen in den Augen, dass sie es ganz furchtbar ernst nehmen mit der Privacy und mit dem Datenschutz. Vor allem schützen sie Daten, die sie erst einmal in den Fingern haben, mit Zähnen und Klauen gegen die bösen Datenschützer von der Europäischen Union und von nationalen Datenschutzbehörden außerhalb der USA. Zu diesem Zweck hat sich Google 2014 ein Beratergremium zugelegt mit dem beeindruckenden und wichtig klingenden Namen

„The Advisory Council to Google on the Right to be Forgotten." Das Gremium war besetzt mit prominenten Juristen, einer ehemaligen deutschen Justizministerin, Professoren für Ethik und Recht und Datenschutzbelange. Und es sollte genau das Gegenteil von dem machen, was der Name verhieß.

Die Runde hat sich wirklich alle Mühe gegeben, das „Recht auf Vergessenwerden" kurz und klein zu argumentieren, in Frage zu stellen und mit angeblich höheren Rechten des Restes der Menschheit zu verrechnen. Damit sollte vertuscht werden, dass der größte Teil vom Rest der Menschheit an meinen und deinen Daten nicht das geringste Interesse hat.[1]

Google selbst und die werbetreibende Wirtschaft und die Akteure dahinter sind freilich schon brennend an diesen Daten interessiert. Und natürlich gehören diese vergleichsweise wenigen Akteure auch zum Rest der Menschheit. Aber es ist schon die Frage: kann deren interessengesteuerte Neugier der Maßstab sein für demnächst 8 Milliarden Erdenbewohner, die sich keinen Deut um deine und meine Datenspuren scheren? Eigentlich nicht. Das ficht Google

---

[1] Die Arbeit des Gremiums zahlt sich für Google bis in die Gegenwart aus (so z.B. Entscheidung des BGH vom 27.7.2020 – VI ZR 405/18; Entscheidung des EuGh vom 24.9.2019 - C-507/17)

aber nicht an. Da ist die Firma ganz souverän. Gibt sich quasi göttlich.

In den letzten Jahren haben durchaus seriöse, gebildete Menschen vermutet, Google *gebe* sich nicht nur wie Gott, sondern *sei* Gott. Kanadische und US-amerikanische Spaßvögel haben vor ein paar Jahren die „Church of Google" gegründet und allen Ernstes argumentiert, Google erfülle alle Anforderungen an einen Gott. Google sei allgegenwärtig und allwissend. Suchanfragen seien auch nichts anderes als Gebete. Google sei wenn schon nicht gütig, dann zumindest nicht böse – das sei schließlich erklärtermaßen Teil der Firmenphilosophie. Und anders als bei vielen historischen Göttern gebe es zahlreiche unleugbare Beweise für die Existenz von Google.

Der Spaß ging Google vermutlich zu weit; darauf deutet jedenfalls der Umstand hin, dass die Webpräsenz der „Church of Google" in den Jahren 2016 und 2017 über viele Monate gesperrt war. Da poppte dann die Anzeige auf „This Account has been suspended". Mittlerweile aber ist die „Church of Google" wieder online[2]; es gibt einen Facebook-Account und eine ganze Reihe YouTube-Filmchen. Es gibt Witziges, es gibt auch Blasphemisches, zum Beispiel

---

[2] https://churchofgoogle.org

„Zehn Gebote des Googelismus" oder ein persifliertes Vaterunser. Und es gibt eine Übersicht mit neun angeblichen Beweisen dafür, dass Google Göttlichkeit beanspruchen kann.

Spaß beiseite: Die Rolle des kalifornischen Internetgiganten wird mittlerweile selbst in wissenschaftlichen Zirkeln diskutiert, in politischen Thinktanks und in hochintellektuellen Kreisen. So etwa beim „Mainzer Mediendisput" im Sommer 2015. Davon war dann anschließend im „Vorwärts" zu lesen, der traditionsreichen sozialdemokratischen Parteizeitung. Das Blatt zitiert den renommierten Schweizer Journalisten Frank A. Meyer mit den Worten: „Das neue Jerusalem ist Silicon Valley und Google ist Gott." Und womit begründet „FAM" diese Behauptung? Mit dem Hinweis, Google sei allwissend und wie ein Orden organisiert.[3]

So eine Theorie kommt zum Glück schon in dem Augenblick zu Fall, wo auch nur eine tragende Säule einstürzt. Die Gläubigen der „Church of Google" würde das vielleicht nicht erschüttern, aber ihre missionarischen Bemühungen würde es schon ein wenig erschweren. Und die Frage ist ja auch nicht ganz nebensächlich, ob man den Gott Abrahams, Isaaks und Jakobs, den Gott der Juden und der Christen

---

[3] http://www.vorwaerts.de/artikel/laesst-google-gott-regulieren

vielleicht etwas voreilig abgeschrieben hat vor lauter Fortschrittsverehrung. Deshalb sei die Frage „Kann Google Gott sein?" im Folgenden an einem Punkt beispielhaft buchstabiert.

2. Ist Google Gott?

Google ist nicht allmächtig. Nicht wirklich. Auch nicht allwissend. Noch nicht, noch nicht ganz. Aber schon ziemlich nah dran an dem, was Allwissen nach menschlichen Maßstäben heißt.

In fünftausend Jahren Schriftkultur hat die Menschheit eine ungeheure Menge Wissen erworben und angehäuft, und Google hat innerhalb weniger Jahre ziemlich viel von diesem Wissen in seinem riesigen Datentank gebunkert. Jedenfalls weiß Google, wo all dieses Wissen lagert und wie man nötigenfalls rankommt an die Informationen. Und wo es noch Lücken gibt, da ist Google fleißig dabei, diese Lücken zu stopfen.

Das betrifft auch urheberrechtlich geschützte Werke der Gegenwart – Google nimmt sich ganz selbstverständlich das Recht heraus, umfangreiche Buchauszüge und zum Teil auch komplette Manuskripte ungefragt in seinen Datenbeständen zu speichern und online zugänglich zu machen.

Der Umgang mit dem geistigen Eigentum anderer ist in dem Zusammenhang nur eine Randnotiz. Aber es passt ins Bild: Google ist nicht Gott, zum Glück nicht, und doch führen sich die Jungs und Mädels von Google Incorporated aus Mountain View, California, oft so auf, als stünden sie über allen Dingen. Auch über internationalen Rechtsgepflogenheiten und über nationalen Gesetzen. Und sie beanspruchen ganz selbstverständlich Dinge und Attribute für sich, die hat die Menschheit seit Adam und Eva aus guten Gründen dem allmächtigen Gott zugeschrieben.

Allwissenheit ist ein übermenschlicher, unmenschlicher Anspruch. Wenn wir Gott nicht zugleich Güte und Liebe als Eigenschaften zuschreiben würden, dann wäre Allwissen ein monströser Zug. Ein allwissender, aber liebloser Gott wäre zum Weglaufen. Und nun ist das Problem: Ich kann nicht erkennen, dass *Google* besonders liebevoll und gütig wäre. Google ist ein profitorientiertes Unternehmen, und in der Web- und Datenwelt, da werden so sentimentale Dinge wie Liebe und Güte auch nur syntaktisch betrachtet, abgezählt, statistisch ausgewertet.

Die Semantik, die Frage: Wie fülle ich so einen Begriff inhaltlich, was steckt dahinter? Die spielt für die Googleaner keine Rolle. Denen fällt höchstens auf, wenn Menschen mit dem Prädikat Güte überdurchschnittlich oft spenden oder sich besonders stark ehrenamtlich engagieren - und wenn sich da irgendein statistischer Zusammenhang erkennen lässt. Von Liebe ganz zu schweigen.

Google liebt nicht die Menschen oder gar die Menschheit. Google, neuerdings Alphabet, liebt an den Menschen vor allem ihr Portemonnaie und die geldwerten Informationen, die sie freiwillig oder nichtsahnend über den Tisch reichen. Schon daran müsste auch dem begriffsstutzigen Teil der Menschheit klar werden, dass Google nicht Gott sein kann.

Ein weiteres Merkmal, das Google deutlich von Gott unterscheidet: Google vergisst nicht. Niemals. An der Stelle weist die Dogmatik der „Church of Google" einen bemerkenswerten Fehler auf: Dort wird gerade die Tatsache, dass Google sich womöglich für immer an alles erinnert, als göttliches Merkmal dargestellt, als „Beweis Nr. 6" – aber: Das ist ein grandioses Missverständnis. Es mag schon sein, dass Google so tickt – aber eben nicht Gott.

Es ist schon richtig: Google vergisst nichts, will ja auch erklärtermaßen nichts vergessen. Google entwickelt sich zum globalen kollektiven Gedächtnis aller Sternstunden, aber auch aller Fehltritte und Schweinereien. Aller verbalen Ausrutscher und tätlichen Ausraster. Jeder Missgriff, den mal jemand begangen hat, jedes verfängliche Foto, jeder unbedachte Post – es bleibt alles in der Welt, Google sorgt dafür. Überall dort, wo schmutzige Wäsche gewaschen wird, hebt Google zumindest ein Pröbchen der stinkenden Waschlauge auf. Man kann ja nie wissen.

Im Web wird munter angeklagt und beschuldigt, werden noch so schräge Verschwörungstheorien verbreitet und erstaunlich ernsthaft diskutiert, werden pausenlos Etiketten verteilt – Like und Dislike, Daumen hoch, Daumen runter. Wird hochgejubelt und vernichtend kritisiert. Und Google und seine Subfirmen merken sich das alles.

Ein Blatt wie das Hamburger Magazin „Der Spiegel" hat früher Dutzende Archivare und Rechercheure beschäftigt für nichts anders, als Akten anzulegen über Personen des öffentlichen Lebens. Damit man sofort etwas zur Hand hat, wenn mal etwas Spannendes oder Aufregendes passiert. Google macht das heute alles einfacher. Fakten verbreiten, aber auch üble Nachrede streuen, Gerüchte multiplizieren, Rufmord, Ehrabschneidung – das geht kinderleicht dank der automatischen Vervollständigung von Begriffen. Und dank der menschlichen Sensationsgeilheit.

Auf die redet sich Google gern heraus. Nach dem Motto: „*Wir* sind das doch nicht. Es liegt außerhalb unseres Verantwortungsbereichs, was die *Nutzer* so alles mit unserer Suchmaschine anstellen. Wir sind unschuldig, *unsere* Motive sind durch und durch lauter."

Tatsache ist aber: Google macht es den Lästermäulern und Tratschtanten, den selbsternannten Anklägern und Hasspredigern dieser Welt superleicht, Munition für ihr Treiben zu finden. Denn Google vergisst nichts. Anders als wir Menschen, denn unsereins ist ja chronisch vergesslich. Anders auch als Gott.

Ich muss in diesem Zusammenhang an den Italo-Western „Gott vergibt – Django nie" denken. An den ersten Film, in dem Terrence Hill und Bud Spencer gemeinsam in Hauptrollen zu sehen waren. Die Geschichte ist unwichtig, mir geht es nur um den Titel. In Analogie dazu könnte man sagen: Gott vergisst – Google nie. Das macht den kleinen, feinen Unterschied aus.

3. Gott vergisst – Google nie!

Es wäre nicht verwunderlich, wenn an dieser Stelle der Einspruch käme: „Moment mal, willst du allen Ernstes behaupten, dass Gott vergesslich ist?" Darauf gibt es eine klare Antwort, nämlich die Radio-Eriwan-Antwort: Im Prinzip nein. Aber in der Praxis ist Gott zumindest in einer Hinsicht vergesslich: Nämlich dann, wenn es um bekannte und vergebene Schuld geht.

Gott ist gedächtnismäßig absolut auf der Höhe, kann es mit jedem Elefanten aufnehmen. Das sollte niemanden verwundern, denn Gott hat sich ja auch die Elefanten ausgedacht. Gott sieht alles, kriegt alles mit, nichts entgeht ihm – und in fast jeder denkbaren Hinsicht ist es ganz und gar ausgeschlossen, dass Gott jemals Gedächtnislücken hat. Zum Beispiel was das Thema Gerechtigkeit angeht. Ganz zweifellos wird Gott den Bedrängten, den zu kurz Gekommenen, Verratenen und Betrogenen Recht verschaffen, den Opfern von Gewalt und Willkür; spätestens am Ende der Zeiten. Da fällt nichts unter den Tisch. Gott lässt auch anders als die irdische Justiz die Großen nicht einfach laufen, weil sie bedeutend oder zu reich oder weil sie systemrelevant sind. Gott schafft Recht und zieht zur Rechenschaft.

Gott führt schon auch gewissenhaft Buch über das Wohlverhalten, über die Erfolge und

Bemühungen seiner Leute – aber genauso merkt er sich offensichtliches Fehlverhalten seiner Leute. Er geht nicht einfach mit dem Schwamm darüber. So hat er zum Beispiel im 8. Jahrhundert vor Christus durch den Propheten Hosea den Bewohner des Nordreiches Israel ausrichten lassen (Hos. 8,13):

„Wenn sie auch viel opfern und Fleisch herbringen und essen's, so hat doch der HERR kein Gefallen daran, sondern er will ihrer Schuld gedenken und ihre Sünden heimsuchen."

Also: Gott vergisst normalerweise nichts. - Auch nicht ganz nebensächlich: Gott vergisst garantiert nichts, was seine Verheißungen betrifft – und seine Bundesschlüsse. Was hat Gott 150 Jahre nach Hosea durch den Propheten Hesekiel der nach Babylon verbannten Elite des Südreiches Juda zugesprochen (Hes. 16,60):

„Ich will gedenken an meinen Bund, den ich mit dir geschlossen habe zur Zeit deiner Jugend, und will mit dir einen ewigen Bund aufrichten."

Etwa zur selben Zeit hat der mehrfach amputierte traurige Rest des Volkes Israel, der noch im Heiligen Land verblieben war, die folgende Botschaft Gottes vernommen (Jer. 31,20):

„Ist nicht Ephraim mein teurer Sohn und mein liebes Kind? Denn sooft ich ihm auch drohe, muss ich doch seiner gedenken; darum bricht mir mein Herz, dass ich mich seiner erbarmen muss, spricht der HERR."

Das hat Gott durch den Propheten Jeremia sagen lassen über das Nordreich Israel; das war zu dem Zeitpunkt schon seit 120 Jahren erloschen, die Assyrer hatten die nördlichen Stämme Israels verschleppt und vertrieben und in alle Winde zerstreut. Der Rest der damaligen Welt mag gedacht haben: Nordreich Israel – war da mal was? Gott verhält sich ganz anders. Gott gedenkt dieser verlorenen, trotzdem geliebten Söhne und Töchter, er hat sie nicht vergessen.

Aber anders als Django ist Gott auch bereit, Schuld zu vergeben. Und anders als Google ist Gott bereit, aktiv zu vergessen. Da, wo eine Sache bereinigt, wo Schuld vergeben ist, da macht Gott die Sache von sich aus nicht mehr zum Thema. Er löscht die Akte. Er löscht die Links. Was Google niemals freiwillig tun würde, wozu man die kalifornische Datenkrake mit vorgehaltener Flinte und unter Androhung drakonischer Strafzahlungen zwingen muss, das ist für Gott selbstverständlich. Das ist göttlich.

Wem vergeben ist, der oder die kann sich frei, unbelastet, mit reinem Gewissen, ohne Angst in die Gegenwart Gottes begeben.

Menschlich geht anders. Menschentypisch wäre: vergeben vielleicht ja, wirklich vergessen – naja. Man braucht ja immer noch etwas zum Aufrechnen in Reserve.

Gott vergisst nichts und niemanden – außer, wenn es um bekannte und vergebene Schuld geht. Da leidet Gott unter einem ausgeprägten Neglect. Das ist wichtig für uns alle – auch für mich persönlich. Denn das heißt: Da kann dann niemand mehr um die Ecke kommen und mit alten Fehlerprotokollen oder Strafakten wedeln. Gott wird das knallhart abwehren, wird deutlich machen: Sorry, davon habe ich keine Kenntnis. Ich erinnere mich nicht. Das ist längst abgehakt. Das wird nicht mehr aufgewärmt.

Und die Initiative geht tatsächlich von Gott aus. Er verschusselt nicht einfach die Kenntnis irgendwelcher Vorfälle, sondern er vergisst sie aktiv. Er tilgt sie aus seinem Gedächtnis. Er schreddert die Akte. Er überschreibt den betreffenden Sektor der Festplatte mit neuem Inhalt. Mit seinem auserwählten Volk macht er das so, das kann man nachlesen im Buch des Propheten Jeremia Kapitel 31:

„Siehe, es kommt die Zeit, spricht der HERR, da will ich mit dem Hause Israel und mit dem Hause Juda einen neuen Bund schließen […] Ich will mein Gesetz in ihr Herz geben und in ihren Sinn schreiben, und

sie sollen mein Volk sein und ich will ihr Gott sein. […] Ich will ihnen ihre Missetat vergeben und ihrer Sünde nimmermehr gedenken."

Oder auch im Buch des Propheten Micha, Micha 7,19 – das ist die Bibelstelle mit dem grandiosen Bild: „**Gott wirft alle unsere Sünden in die Tiefen des Meeres.**"

Gott versenkt die Verfehlungen und auch die Erinnerung daran sozusagen im Marianengraben. Damit niemand mehr daran kommt. Noch nicht einmal Google. – So macht Gott das mit seinem Volk; so macht Gott das mit Menschen, die ihm vertrauen. Das ist bei weitem nicht der einzige, aber der entscheidende Unterschied zwischen Gott und Google. Google würde so etwas nie machen: Vergeben und vergessen.

Aber Google kann und muss man ja auch nicht vertrauen, und schon gar nicht kann und muss man sich Google hingeben. Gott dagegen schon. Gott ist vertrauenswürdig. Anders als Google. Und anders als Google hat Gott meine und Ihre Hingabe verdient.

Anhang:

Neun angebliche „Beweise" für die Göttlichkeit von Google,[4] frei übersetzt und kommentiert

1. Google ist nahezu allwissend – was wissenschaftlich belegt werden kann. *Aber dazu muss man von einer sehr engen Definition von Allwissenheit ausgehen, die weit hinter der christlich-jüdischen Vorstellung von der Allwissenheit Gottes zurückbleibt.*

2. Google ist allgegenwärtig (zumindest virtuell). *Auch diese Vorstellung von Allgegenwart ist recht bescheiden, verglichen mit der Überzeugung, dass Gott jederzeit und überall nicht nur präsent ist, sondern auch wirken kann.*

3. Google beantwortet Gebete (im Sinn von Anfragen) und weist den Weg; gehen muss man ihn schon selbst. *Wer betet = mit Gott spricht, erwartet und erhofft in der Regel mehr als nur Information – und kann tatsächlich auch mehr bekommen: Trost, Rat, Bestätigung, Korrektur, Aufwertung, Erleuchtung...*

4. Google ist potentiell unsterblich und kann im Prinzip endlos existieren. *Es ist schon richtig: Der Algorithmus von Google operiert auf zeitgleich auf zahlreichen Servern weltweit;*

---

[4] churchofgoogle.org/Proof_Google_Is_God.html

wenn einer ausfällt, springt ein anderer ein. Aber die Unsterblichkeit Gottes mit technischer Redudanz gleichzusetzen, das offenbart eine recht armselige Vorstellung. Der ewig gleiche Gott, der vor allem Anfang schon da war und auch nach Allem, was denkbar ist, noch sein wird, ist unabhängig von Stromnetzen und menschengemachter Infrastruktur.

5. Google ist unendlich – das Internet kann theoretisch endlos weiterwachsen und Google mit ihm. *Die Theorie des potentiell unendlichen Internets ist in vielerlei Hinsicht anfechtbar; schon ein großer Blackout kann die Grenzen aufzeigen, schon ein heftiger Sonnensturm kann die elektronische Infrastruktur der Erde in Schrott verwandeln. Dann wäre das Internet auf absehbare Zeit hinüber und Google mit ihm.*

Gott ist nach Anselm von Canterbury das, „worüber hinaus nichts Größeres gedacht werden kann." Es sind aber eine Menge Dinge vorstellbar, die unverzichtbarer, gewaltiger, wichtiger, größer sind als Google.

6. Google vergisst nichts – wer seine Gedanken dem Internet anvertraut, lebt in der Google ewig weiter. *Diese Vorstellung ist eher beängstigend als Ehrfurcht gebietend – und wird im Rahmen dieses Büchleins ad absurdum geführt.*

7. Google kann nichts Böses tun – zur Firmenphilosophie von Google gehört die Überzeugung, dass eine Firma Geld verdienen kann, ohne böse zu sein. *Eine äußerst idealistische Vorstellung, die aber nicht zuletzt durch Hannah Arendts Erkenntnisse über die „Banalität des Bösen" zutiefst in Frage gestellt wurde. Auch ein Instrument wie Google kann bösen Zwecken dienen, und auch ein ideologisch völlig neutral erdachter Algorithmus kann für verwerfliche und menschenverachtende Dinge instrumentalisiert werden. Mit Gott kann man das zwar versuchen, aber das wird stets auf die zurückschlagen, die es tun.*

8. Google als Begriff wird nachweislich häufiger aufgerufen als die Begriffe Gott, Jesus, Allah, Buddha, Judentum, Christentum, Islam und Buddhismus zusammen. *Das ist eine Behauptung ohne jede Beweiskraft, was die angebliche Göttlichkeit von Google betrifft. Zudem ist die Behauptung selbstreferentiell. Internetabfragen sind eine Sache, Gott wird aber auch im täglichen Leben unzählige Male täglich angesprochen, besungen, angerufen, mit unterschiedlichsten Namen und Titeln genannt, gedacht, geträumt, erlebt.*

9. Dass es Google gibt, ist nicht zu bezweifeln – Googles erstaunliche Macht kann man jederzeit erleben, indem man www.google.com

aufruft, *behauptet die „Church of Google" – dabei beschränkt sich die „erstaunliche Macht" Googles darauf, dass Google einen mittlerweile schier unvorstellbar umfangreichen Katalog von Beschreibungen und Erklärungen vorhält – und jede Menge Medieninhalte. –*

Mit Gott verhält es sich anders: dessen Existenz dürfen Menschen durchaus bezweifeln, sie sollten aber darauf gefasst sein, dass das Gott nicht besonders beeindruckt und dass er gleichwohl in dieser Welt wirksam ist.

Anders als Google gehorcht Gott keinem Algorithmus, ist völlig souverän und hat offensichtlich Übung darin und Spaß daran, Menschen zu überraschen.

Anders als Google ist Gott auch nicht erst seit einem Wimpernschlag der Weltgeschichte im Geschäft; seit Urzeiten machen Menschen mit ihm Erfahrungen.

Anders als bei Google braucht man dafür keinerlei Hardware, kein World Wide Web, noch nicht einmal Stromanschluss. Gott war schon in der Welt, als sie noch vollkommen analog war. Und nur weil sie mittlerweile digitalisiert wird, ist Gott noch lange nicht aus der Welt.

Markus Baum ist regelmäßig zu hören im Programm von ERF Plus, zu empfangen deutschlandweit im Digitalradio und weltweit im Web: http://www.erfplus.de

Weitere Bücher und Schriften des Autors:

Jochen Klepper, Neufeld Verlag Schwarzenfeld 2011, ISBN 978-3-86256-014-1

Eberhard Arnold – ein Leben im Geist der Bergpredigt, Neufeld Verlag Schwarzenfeld 2013, ISBN 978-3-86256-035-6

Das Böse – der Feind, den wir nicht lieben müssen, TWENTYSIX 2017, ISBN 978-3-740-72591-1

XUND – Heil und Heilung aus christlicher Sicht, TWENTYSIX 2018, ISBN 978-3-740-73556-2

Allzu viel ist ungesund – Aberglaube als Über-Glaube TWENTYSIX 2020, ISBN 978-3-740-76366-4

Alle Titel erhältlich im Druck und als E-Book.